NOTICE

SUR

FRANÇOIS DOYEN,

PEINTRE,

NÉ A PARIS EN 1726, MORT A PÉTERSBOURG
EN 1806;

Par C. LECARPENTIER, *son éleve*, Peintre et
Professeur de l'Académie de dessin et de peinture
de Rouen; Membre résident de la Société libre
d'Émulation de la même Ville ; correspondant de
celle des Sciences, Lettres et Arts, de l'Athénée
des Arts, de la Société Philotechnique de
Paris, et de l'Académie de Caen.

A ROUEN,

De l'Imp. de Vt. GUILBERT, rue de la Savonnerie,
n° 14, près la Fontaine de Lisieux.

1809.

NOTICE

SUR

FRANÇOIS DOYEN,

PEINTRE,

NÉ A PARIS EN 1726, MORT A PÉTERSBOURG
EN 1806.

Lₐ reconnaissance est le premier des devoirs; elle honore celui qui en est l'objet, et celui qui s'en acquitte avec sincérité et dans l'effusion de son cœur.

Il me tardait depuis long-tems de payer ce tribut si naturel au meilleur des maîtres, et à l'un des bons peintres du 18ᵉ siecle. J'attendais avec impatience des renseignemens demandés en Russie, où je savais qu'il avait cessé de vivre. Quoiqu'il eût assez fait pour sa gloire avant son voyage, j'ai voulu le suivre dans un pays où son génie toujours renaissant lui a fait produire, dans un âge avancé, des choses dignes de son meilleur tems.

Les souvenirs ineffaçables de son amitié pour moi, m'ont fait un devoir d'honorer sa mémoire, de donner quelques détails sur ses talens en peinture et sur ses qualités personnelles.

François Doyen, que les arts viennent de perdre, naquit à Paris en l'année 1726. Ses ancêtres, ainsi que ceux de Moliere, y exerçaient depuis très-long-tems la profession de tapissier ; son pere avait une charge de valet-de-chambre-tapissier à la Cour. Le jeune *Doyen* montrant peu d'inclination pour l'état de ses peres, manifesta de très-bonne heure un goût décidé pour le dessin. Les premiers amusemens de l'enfance des hommes extraordinaires, annoncent ce qu'ils doivent être un jour.

Les maîtres du jeune *Doyen* fatigués de ne pouvoir le fixer à l'étude, et de le voir sans cesse couvrir ses livres de figures, s'en plaignirent souvent à ses parens. Le hasard voulut qu'un amateur de peinture se trouva chez son pere au moment où il en faisait les plus vifs reproches à son fils.

L'amateur, curieux d'examiner ses livres, est surpris des heureuses dispositions du jeune homme ; il engagea son pere à lui laisser suivre un penchant qui paraissait si naturel. Il se chargea de le présenter lui-même à Carle-Vanloo, son ami particulier ; on sait que cet artiste jouissait alors de la premiere réputation parmi les peintres ses contemporains.

Le jeune *Doyen* entre à l'école de Vanloo avant d'avoir atteint sa douzieme année. Sa vivacité naturelle et sa gentillesse plurent beaucoup à cet artiste, et lui mériterent bientôt la bienveillance de ce peintre généreux. *Doyen*, livré à son goût naturel, s'adonne tout entier à l'étude d'un art pour lequel la nature l'avait destiné.

A peine est-il entré dans la carriere, qu'il franchit bientôt les premiers pas ; il passe à l'étude du modele dans l'académie, où son assiduité et ses succès lui mériterent plusieurs médailles. Doué d'un génie capable de tout entreprendre , et prompt à concevoir , *Doyen* s'exerça de très-bonne heure à la composition. Ses premiers essais surprirent Vanloo , qui s'applaudissait , avec sa bonté naturelle , de ce que le hasard lui avait procuré cet éleve : car tel était le désintéressement et la bonhomie qui formaient la base du caractere de Vanloo. *Eh ! qui mérita mieux le titre de pere des artistes , que ce maître qui corrigeait les éleves avec douceur , qui se plaisait souvent à retoucher leurs ouvrages , qui avait l'art de les encourager , et savait leur inspirer , par son exemple , l'amour du travail?* (1)

Doyen concourut pour le prix de Rome à vingt ans , et l'obtint. Dès ce moment , il s'établit entre le maître et l'éleve une liaison et un attachement cimentés par la reconnaissance et l'amitié , qui ont duré jusqu'au moment où il se sépara de son maître pour aller à Rome, en 1748.

M. de Troy était alors directeur de l'académie de France. Ce peintre , homme de génie , doué d'un esprit agréable , du commerce le plus doux , en possession de captiver la confiance des éleves , reçoit le nouveau pensionnaire avec amitié , et il en est payé de retour ; mais *Doyen* eut la douleur de le voir mourir avant d'avoir terminé le tems de ses études à l'école de Rome. Il me semble l'entendre encore parler de ce triste événement , et payer long-tems après son tribut de respect et de reconnaissance à la mémoire d'un maître aussi généralement regretté de tous ceux qui avaient vécu près de lui.

____

(1) On a vu souvent Carle-Vanloo retoucher lui-même les dessins des éleves , étant professeur de l'académie. Plusieurs de ces dessins retouchés en entier sont devenus très-précieux.

Dès le moment de son arrivée à Rome , les ouvrages d'Annibal Carrache parurent fixer particulierement *Doyen*. On le retrouvait toujours à la galerie Farnèse , il y passait les jours entiers à dessiner et à peindre d'après cet ouvrage immortel. Son penchant pour les grands ouvrages en peinture l'entraînait aussi vers les plus belles coupoles de Rome. Admirateur de Lanfranc , du Cortone , du Bachiche , il voulut copier , de petite proportion , les coupoles toutes entieres de ces géans de la peinture. Il avait eu la patience , unique peut-être , de peindre en entier , sur une toile de six à sept pieds , le délicieux plafond de la galerie du Cortone au palais Barberin , avec toutes les bordures , ornemens et figures feintes de stuc. Ce charmant tableau , terminé avec soin , rappellait parfaitement les souvenirs d'une des plus belles fresques de Rome.

Son amour pour le Cortone était extrême ; il ne pouvait assez admirer les conceptions délicieuses de cet artiste favorisé des Grâces : mais s'il en parlait avec délices et avec complaisance , il n'en admirait pas moins aussi ceux des peintres qui avaient brillé par un grand caractere de dessin et par de fortes expressions, tels que Jules Romain , Polydore et Michel-Ange , dont il recommanda toujours l'étude à ses éleves. Il disait souvent qu'à la vue de la chapelle Sixtine , il fut frappé comme de la foudre , et qu'il ne pouvait revenir de la surprise que lui avait causé ce magnifique ouvrage.

Doyen, après avoir fait une ample moisson d'études à Rome, passa à Naples, où les ouvrages de Solimène fixerent aussi son attention ; il en fit beaucoup de souvenirs en peinture , dans lesquels on retrouvait toute la grâce et l'esprit de ce peintre ingénieux.

Il visita Venise ; Bologne , Parme et Plaisance ; chacune de ces villes lui fournit de nouvelles occasions d'étudier et d'observer. Il revint en France par Turin , où il séjourna quelque tems. On lui fit des propositions avantageuses pour le fixer en ce pays ; mais le désir de revoir sa patrie l'emporta sur tous les avantages qu'on lui proposait.

Doyen , de retour à Paris à l'âge de vingt-neuf ans , avec un talent formé par une longue suite d'études et d'observations, pouvait s'attendre à les voir utiliser. De soi-disans protecteurs se contenterent de lui faire de vaines promesses et d'admirer l'abondante récolte qu'il avait apportée d'Italie , et il fut long-tems sans avoir d'occupation. Doué d'une trempe de génie forte et peu propre à obtenir par l'intrigue ce qu'il ne croyait devoir qu'à ses talens , il prend le parti de s'enfermer dans son atelier pour s'adonner tout entier à l'exercice de son art. Il a le courage de concevoir une grande pensée , il veut l'exécuter d'une immense proportion. Il choisit pour son sujet *la mort de Virginie.* Jamais peintre n'a peut-être fait autant d'esquisses qu'il en fit pour ce seul tableau , qui le combla d'honneur et qui lui mérita les suffrages de tous les artistes et de tous les savans de la capitale. Il employa deux années à méditer et à exécuter ce grand ouvrage. Quand il le croit terminé , il le fait voir à quelques amis particuliers , qui , enchantés de ce début, l'engagent à le rendre public.

Le succès du jeune peintre est complet ; mais la jalousie et la cabale s'occupent à composer dans le silence le venin qu'elles vont bientôt répandre. Elles veulent mettre tout en œuvre pour le détacher de Carle-Vanloo, qui l'avait tant aimé.

On parvient à lui persuader que ce tableau si admiré est détestable, que son éleve a perdu tout son tems en Italie. Ces bruits calomnieux arrivent jusqu'à *Doyen*, qui en conçoit un chagrin violent. Ses amis le rassurent, le consolent, et veulent qu'il aille inviter son maître à venir juger son ouvrage.

Sa premiere visite fut infructueuse ; Vanloo, dont le cœur était si bon, s'était laissé persuader par les ennemis de son éleve. Il reçoit un refus complet qui l'accable ; mais connaissant toute la bonté du cœur de son maître, loin de se rebuter de cette premiere visite, il y retourne quelques jours après. Il voit encore Carle-Vanloo qui le reçoit avec froideur ; *Doyen* le sollicite de nouveau. — « En bien ! monsieur, j'irai voir votre ouvrage ; » et il lui assigne l'heure pour le lendemain.

Que l'on se figure, d'un côté, la joie d'un jeune artiste plein de l'amour de la gloire ; et, de l'autre, ses craintes de ne pas plaire à celui dont le suffrage lui est si précieux ; le sommeil lui refuse ses douceurs ; les heures lui paraissent des siecles. Enfin arrive le moment favorable qui va calmer son ame agitée.

C'est avec crainte qu'il aborde son maître : un siége est préparé pour le recevoir à l'endroit le plus favorable? (2)

Vanloo observe le tableau avec attention, garde longtems un profond silence ; puis, se levant avec vivacité, il embrasse son éleve et ne peut prononcer que ces mots : « Je suis content. Comme ils m'ont trompé ! » Vanloo retourne chez lui fâché d'avoir prêté l'oreille à des bruits mensongers. Il traite les pensionnaires avec

______

(2) Ceux qui connaissent la peinture, savent de quelle importance il est de faire voir son tableau d'un jour favorable.

une dureté qui les étonne. Il leur vante les beautés du tableau de *Doyen* ; il exige qu'ils aillent le voir.

Cette nouvelle se répand bientôt parmi tous les artistes. *Doyen* est comblé de politesses par ceux qui, depuis son retour, lui avaient témoigné le plus d'indifférence. Son atelier se remplit de tout ce qu'il y avait d'artistes et d'amateurs ; quelques poëtes célébrerent son ouvrage. Tout Paris voulut voir le tableau de Virginie. Tels furent les premiers succès de *Doyen*, qui furent l'aurore brillante de sa réputation.

Ce tableau, d'une grande dimension, composé de beaucoup de figures, offrait de grandes beautés de style et de dessin, et représentait fidellement la physionomie du peuple romain.

Le gouvernement actuel, qui protege les arts, se fût empressé d'encourager le jeune artiste et de lui assigner d'autres ouvrages ; mais *Doyen* fut négligé, et son tableau lui serait peut-être resté sans le zele d'un amateur des arts (3) qui le fit acheter par la Cour de Parme, pour une faible somme à la vérité ; mais *Doyen*, plus sensible à la gloire qu'à l'intérêt, se trouva bien payé, et il abandonna le fruit de deux années de veilles et d'études : l'exemple n'était pas nouveau ; les plus beaux tableaux ont été souvent donnés pour des sommes bien plus modiques (4).

Il paraît qu'il fut encore long-tems sans être chargé de grands ouvrages ; il peignit pour des particuliers.

---

(3) M. le comte de Caylus.

(4) Je me suis étendu sur cet événement qui offre une des époques les plus intéressantes de la vie de *Doyen*, et dont il parlait souvent avec une sorte d'enthousiasme. Il fût agréé à l'académie sur ce tableau en 1758.

On cite comme un des tableaux qui lui fit le plus d'honneur, celui où il avait représenté plusieurs Centaures avec des Nymphes de grandeur naturelle ; il le peignit pour M. Watelet, où on l'a vu fort long-tems.

Ce tableau, bien composé, d'une exécution large et d'une belle couleur, se fit remarquer avantageusement à l'exposition du Louvre. M. le duc de Choiseul, qui aimait ses talens, lui fit peindre, vers le même tems, un plafond, et lui a toujours depuis conservé son amitié particuliere.

Mais un ouvrage qui devait mettre ses talens au grand jour, fut le tableau de la peste des Ardens, pour l'église de Saint-Roch. Ce sujet échauffa son génie, et il se montra digne du choix qu'on avait fait de lui. *Doyen*, pour se préparer à ce grand ouvrage, voulut aller visiter les richesses de l'école flamande. (5) Jamais tableau ne fut plus etudié et plus profondément pensé. Il allait dans les hôpitaux pour observer le caractere, la physionomie des moribonds et des malades attaqués de maladies très-douloureuses. Souvent mécontent de son tableau, on lui a vu détruire en un instant le travail de plusieurs jours ; il lui est même arrivé, son ouvrage étant presque fini, d'en avoir effacé la moitié qu'il recommença, tant il était difficile à lui-même.

C'est dans ce tableau, d'une belle ordonnance, que l'on retrouve le génie de *Doyen* tout entier ; beaux caracteres de tête ; figures bien groupées et profon-dément pensés : l'expression de la douleur y est portée

---

(5) Il passa plusieurs mois en Flandres à étudier et à observer les chefs-d'œuvre de cette école. Il y fit la premiere esquisse de son tableau.

au plus haut degré ; la couleur en est forte et vigoureuse. Il a voulu, par une opposition digne des plus
grands maîtres, établir un contraste entre la beauté
en pleurs et richement parée, avec ce que la ma-
ladie la plus aiguë et les plus fortes angoisses de la
douleur présentent de plus hideux. Ce tableau, qui
honorera toujours la mémoire de son auteur, qui seul
eût suffi à sa gloire, fut exposé au salon du Louvre,
où il attirait la foule par la nouveauté du style et du
sujet (6). Le public qui se plaît à rendre justice aux
bons ouvrages, applaudit beaucoup le tableau de la
peste, et semblait désirer qu'il méritât à son auteur
un avancement dans les grades académiques. L'académie s'empressa de confirmer l'opinion publique,
en le nommant adjoint à professeur.

La mort de Vanloo, arrivée vers cette époque, lui
procura l'honneur d'être choisi pour peindre la Chapelle
de Saint-Grégoire aux Invalides, que devait exécuter
cet artiste, dont les esquisses peintes étaient déjà ex-
posées au même salon, avec plusieurs tableaux dont
la vue excitait d'autant plus les regrets sur la perte
de cet habile homme. *Doyen*, très-honoré de rem-
placer son maître, dont il respectait la mémoire, ne
voulut rien négliger pour se montrer digne d'un tel
prédécesseur. Il sentait toute la difficulté de le rem-
placer et de peindre à l'huile sur des murs de pierres
exposés à l'humidité intérieure des hivers, et peu

---

(6) M. Vien, le Nestor de la peinture, fut chargé
dans le même tems de peindre le tableau de la Chapelle paralelle. Le sujet est Saint-Denis prêchant la foi
dans les Gaules, dont la composition, sage et savante,
le beau style, lui méritèrent également l'admiration et
les applaudissemens des amateurs du bon goût.

propres à conserver la fraîcheur du coloris. Ses pensées se reportaient vers les belles fresques qu'il avait tant étudié en Italie , et il regrettait de ne pouvoir l'exécuter de cette maniere, les murs étant déjà depuis long-tems imprimés à l'huile.

Après s'être occupé de toutes les études et de tous les moyens qui pouvaient le faire réussir et donner à ces sortes de tableaux tout l'effet qui en fait le prestige , il commença ce grand ouvrage qui pensa lui coûter la vie dès la premiere année qu'il y travaillait, ayant eu le malheur de tomber de deux étages par une trappe laissée négligemment ouverte. Ses éleves effrayés le crurent mort ; il souffrit des douleurs affreuses causées par l'enfoncement de plusieurs côtes, qui l'obligerent de garder le lit pendant très-long-tems. Mais à peine se croit-il rétabli qu'il retourne à sa chapelle, qu'il n'abandonne plus que l'ouvrage ne soit entierement terminé.

De retour à son atelier de Paris , il fit un tableau de l'adoration des Mages de dix pieds de haut, d'une couleur brillante et vigoureuse , d'un bel effet , et dans lequel on admirait des beautés de détails parfaitement rendues (7).

On le chargea, conjointement avec d'autres artistes, de faire plusieurs tableaux pour la Cour. *Doyen* eut en partage le triomphe de Thétis sur les eaux, accompagné de Neptune, d'une foule de Néréïdes et de Tritons. Jamais *Doyen* ne déploya autant de grâces que dans cette charmante composition, ornée de toutes les richesses de la poésie. Une chose digne de remarque , c'est que les grâces répandues sur ce délicieux

---

(7) Ce tableau a été gravé à l'eau-forte, dans le tems, par l'auteur de cette notice.

tableau n'avaient rien de l'afféterie et du mauvais goût trop à la mode à cette époque. L'impartialité doit rendre justice à cet artiste ; c'est d'avoir su éviter cette manière à la mode qu'il détestait et qu'il s'efforçait de combattre par une opposition quelquefois outrée, plein des idées que lui avait inspiré Michel-Ange, pour lequel il avait conservé la plus grande vénération.

Il avait eu le projet de peindre un tableau représentant l'hiver ; c'eût été un de ses meilleurs ouvrages à en juger par les différentes esquisses, et sur-tout par un magnifique dessin au bistre (8). Il avait répandu dans cette belle composition, d'un très-grand style, tout l'intérêt dont ce sujet est susceptible. On voit dans le haut, et au milieu du tableau, Saturne qui, les bras étendus, paraît transformé tout en pluie. Près de lui, le Verseau affaissé sur son urne la répand toute entière ; sa barbe, ses cheveux, tout est transformé en eau. Borée et tous les vents déchaînés soufflent le froid, et répandent à pleines mains la grêle et la neige par floccons ; les flancs de la terre entr'ouverts laissent un libre passage à d'autres vents qui s'en échappent avec furie. Le char de Cibele est brisé ; la déesse est renversée hors de son char ; ses lions abattus et terrassés font de vains efforts pour se relever. Tout concourt à augmenter le désordre de cette scene terrible et magnifique.

Le grand tableau de la mort de Saint-Louis qu'il peignit pour l'autel de la chapelle de l'Ecole Militaire, est encore une de ses belles conceptions, sur-tout pour la savante ordonnance de ce tableau, dont la forme en hauteur exige beaucoup d'art et de talent. Ce tableau,

---

(8) Il appartient à M. d'Herbouville, préfet de Lyon, qui a été un de ses éleves.

très-bien composé, se fit remarquer comme le meilleur de tous ceux qui avaient été ordonnés pour cette chapelle.

Si je me suis étendu sur les principaux ouvrages de ce maître, je n'ai point entrepris de décrire tous les autres tableaux qu'il a faits pendant son long séjour à Paris. On en a vu successivement aux différentes expositions du Louvre, la plupart d'une grande proportion et destinés pour la manufacture des Gobelins (9), dont presque tous les sujets sont tirés de l'Iliade d'Homère, poëme, dont il ne pouvait se lasser d'admirer les beautés.

Quoique *Doyen* n'eût pas fait d'études dans sa jeunesse, qui fut consacrée toute entiere à la peinture, son esprit naturel et celles qu'il fit dans un âge plus avancé lui avaient tellement orné l'esprit et l'imagination, qu'il ne se trouva jamais étranger dans la société des gens de lettres. On eût dit à le voir parmi eux qu'il avait employé une partie de sa vie à l'étude des belles-lettres. Son courage et sa ferme résolution d'apprendre ne rencontrerent jamais de difficultés.

Doyen, sollicité depuis long-temps de passer en Russie, où on lui promettait les plus belles occasions d'employer ses talens, cede enfin aux offres obligeantes que lui faisait proposer l'impératrice Catherine. Il obtient un passeport comme artiste et fait le voyage avec un seigneur russe ; rien n'a été plus ordinaire que de voir dans tous les temps des artistes aller chercher sous des climats étrangers des occasions d'exercer leurs talens.

Les glaces du nord, loin de paraître refroidir le génie de *Doyen* qui commençait à avancer en âge, mais dont le tempéramment était robuste, semblaient lui donner un nouvel élan. Honoré dès son arrivée en ce pays,

____

(9) On en exécute encore un dans ce moment-ci.

où sa réputation l'avait devancé , il sembla renaître une seconde fois pour la peinture.

Catherine le reçoit avec la distinction et l'affabilité qu'elle accordait à tous les hommes de mérite. Elle lui assigne une pension de douze cens roubles avec un logement dans un de ses palais ; on le nomme professeur de l'académie de peinture de Pétersbourg avec de nouveaux appointemens attachés à cette place. Plusieurs éleves s'empressent de profiter de ses savantes leçons; la plupart sont allés depuis en Italie.

Dès lors , *Doyen* ne songea plus qu'à la gloire , il voulut , par un nouvel effort , se livrer de nouveau à l'exercice de son art et produire des choses dignes de sa réputation. Il est chargé par l'impératrice d'orner ses palais. Après la mort de cette princesse , et à l'avénement de Paul Ier. au trône de Russie, il en reçoit les mêmes marques d'affection. Le nouveau monarque augmente sa pension et lui donne une de ses voitures (10). Il le charge de peindre plusieurs plafonds , entre autres celui de la grande salle dite de Saint-Georges. Il peint aussi celui de la chambre à coucher de l'empereur. Celui de la bibliotheque de l'hermitage est aussi de lui , ainsi que le plafond d'une galerie à Parlouski ; c'était préparer de nouvelles jouissances à *Doyen* qui avait une facilité rare , et une prédilection pour ce genre de peinture qui convenait à son génie bouillant et hardi.

L'empereur Paul Ier. eut pour lui une affection toute particuliere , et se plaisait à le voir travailler ; sa con-

____

(10) L'empereur l'ayant un jour apperçu à pied par un mauvais temps , le fit appeler et lui demanda pourquoi il s'exposait ainsi à son âge ; sur sa réponse très-spirituelle , l'empereur lui envoya une voiture qu'il a toujours conservée.

versation l'amusait beaucoup. On sait que *Doyen* avait une gaîté naturelle, et qu'il plaisantait avec finesse, et avec grace. Sa conversation était d'ailleurs aussi instructive qu'agréable, et c'était profiter beaucoup en s'amusant. Cette justice lui a été rendue à Pétersbourg comme à Paris, par ceux qui ont eu le plaisir de le connaître. On le chérissait, on le respectait pour ses talens et pour sa personne. Sa mémoire est restée en grande vénération parmi les membres de l'académie de Pétersbourg qui n'ont rien négligé pour lui rendre les derniers devoirs avec toute la pompe due à son mérite. Plus heureux que Léonard de Vinci, qui ne vint en France dans un âge très-avancé que pour mourir dans les bras d'un grand roi; *Doyen* eut encore le loisir d'employer avec fruit ses talens pendant les dernieres années de sa vie dans le pays qui devait conserver sa cendre.

Puis-je cesser de parler des talens de ce maître sans m'arrêter encore sur celui qu'il possédait à un degré éminent, de disserter savamment sur son art, et sur les véritables principes de la composition ? Peu de peintres ont peut-être autant médité que lui sur cette partie de l'art qui regle le génie dans ses opérations ; qui sait imposer des lois à l'enthousiasme immodéré. Il s'était fait des regles certaines d'après ses observations sur les grands maîtres qui avaient mieux réussi dans cet heureux accord des plans et des groupes qui ne peut être l'ouvrage du hasard ; cet intéressant accord qui parle à l'ame par les yeux, comme l'harmonie des sons sait captiver et enchanter le sens de l'ouïe. Cette science d'éviter la monotonie si fastidieuse dans les ouvrages des arts ; qui apprend à cadencer, à varier les attitudes et à grouper heureusement les figures sans contrainte ni roideur, tel que le Poussin, Bourdon, Lebrun et Jouvenet l'ont pratiqué parmi nous.

Doué d'une heureuse fécondité, *Doyen* ne fut point étranger aux différens genres de peinture. On l'a vu souvent se délasser du genre de l'histoire en peignant des tableaux dans le goût du Benedette et d'autres maîtres agréables ; il eut peint aussi très-bien le paysage ; semblable en cela à Bourdon dont il faisait grand cas et qu'il proposait à ses éleves comme un véritable modele à suivre pour apprendre à bien traiter un sujet.

Jettons maintenant un coup-d'œil sur les qualités personnelles qui le firent chérir et estimer de ses amis. Je n'entrerai point dans tous les détails de sa vie privée. Je dirai que jamais il ne s'engagea dans les liens du mariage par un certain amour de la liberté, quoiqu'il enviât souvent le sort de deux époux bien unis, entourés de leurs enfans qu'il chérissait, et qu'il traitait avec toute sorte de complaisance. Sans luxe et sans faste, il joignait à un extérieur simple beaucoup de gaîté d'esprit et de bonhomie. Il parlait avec une extrême facilité ; personne n'avait de plus heureuses saillies, sur-tout lorsqu'il était excité par une conversation animée.

Si sa trop grande franchise lui occasionna des ennemis dans la médiocrité qu'il ménagea peut-être trop peu ; on le vit toujours louer avec chaleur tout ce qui portait l'empreinte du génie. Personne n'aima plus que lui à rendre justice aux grands talens et au mérite distingué : aussi fut-il lié avec tout ce qu'il y avait d'habiles gens dans les sciences, les lettres et les arts. En est-il une preuve plus éclatante que ses liaisons intimes avec Diderot, d'Alembert, Pigalle, Ducis, Sédaine, Cars, Lebas, Mariette, le plus savant amateur de France, la célebre Clairon, Colardeau avec lequel il passa une partie de sa vie, et qu'il aima et consola jusqu'au dernier soupir. Vernet, Chardin, deux des plus célebres artistes du siecle dernier qui l'honorerent de leur estime et de leur amitié : Bailli le trop malheureux Bailli, le compagnon, l'ami de sa jeunesse, qu'il voyait tous les jours, et pour lequel il avait une amitié sincere. A ce nom, il me semble encore voir couler ses larmes. Que de chagrins a dû lui causer la fin tragique de ce savant, de son meilleur ami?..

Doyen ne pouvait aimer pour peu, et celui auquel il accordait son amitié avait droit d'attendre de lui tous les services. Jamais on ne le sollicita envain ; on l'a vu quitter ses affaires personnelles, et ses travaux pour appuyer de tout son crédit la demande de l'homme qu'il savait être dans le malheur, ou la victime de l'injustice.

Entrait-on dans son atelier, on y trouvait un pere au milieu de sa famille? Plusieurs personnes recommandables par leur rang et leur fortune, ne dédaignerent pas de s'y ranger au nombre de ses éleves. Un prince, protecteur des arts, voulut aussi prendre de ses leçons et créa dans son école des prix d'encouragement pour ceux des éleves qui réussissaient le mieux à rendre un sujet proposé : ses éleves le respectaient, et avaient pour lui un attachement sans bornes. C'est honorer les talens et la mémoire d'un tel maître que de citer parmi ses meilleurs éleves, MM. Valenciennes et le Thiers, aujourd'hui directeur de l'école de France à Rome ; plusieurs autres sont allés exercer leurs talens dans les pays étrangers.

Malgré son grand âge, *Doyen* n'avait cessé de travailler, son génie seul ne vieillit point ; mais ses infirmités augmentant chaque jour, il se vit obligé d'abandonner sa palette et ses pinceaux. Il ne put achever un dernier plafond qu'il avait commencé quatre ans

avant sa mort, qui, suivant des témoins authentiques,
n'aurait pas été inférieur à aucune de ses productions.
Après avoir passé plus de seize ans en Russie, dont une
grande partie fut constamment employée à l'exercice
de son art, *Doyen* est descendu au tombeau le 5 de
juin 1806, à l'âge de quatre-vingt-deux ans, emportant
avec lui les regrets de tous ceux qui l'ont connu. Il a
légué en mourant environ douze mille roubles à son
ami M. Pringuet, un de ses élèves.